미추왕은 백제의 침입을 물리치고
농업을 장려하며 가난한 백성을 위해
어진 정치를 베풀었어요.
그 뒤를 이은 유례왕 때 이서국이
쳐들어왔어요. 그때 대나무 잎을 꽂은
군사들이 나타나 적군을 물리치고 사라졌어요.
사람들은 죽은 미추왕이 땅속에서도
군사를 보내 나라를 구했다고 생각했지요.

추천 감수 **박현숙**(고대사)

고려대학교 사범대학 역사교육과를 졸업하고 동 대학원에서 문학박사 학위를 받았습니다. 현재 고려대학교 사범대학 역사교육과 교수로 재직 중이며, 백제 문화와 고대 인물사 등에 대한 활발한 연구를 계속하고 있습니다. 쓴 책으로 〈백제의 중앙과 지방〉, 〈한국사의 재조명〉 등이 있습니다.

추천 감수 **정구복**(고려사 · 조선사)

서울대학교 사범대학 역사교육과를 졸업하고 서강대학교에서 문학박사 학위를 받았습니다. 한국학중앙연구원 한국학대학원의 교수로 재직 중이며, 한국학중앙연구원 한국학대학원 원장을 역임하였습니다. 쓴 책으로 〈한국인의 역사 의식〉, 〈역주 삼국사기〉, 〈한국 중세 사학사 1, 2〉 등이 있습니다.

추천 감수 **김한종**(근현대사)

서울대학교 사범대학 역사교육과를 졸업하고 동 대학원에서 역사교육을 전공하여 문학박사 학위를 받았습니다. 현재 한국교원대학교 교수로 재직 중입니다. 쓴 책으로 〈역사 교육 과정과 교과서 연구〉, 〈역사 교육의 내용과 방법〉(공저), 〈한 · 중 · 일 3국의 근대사 인식과 역사 교육〉(공저), 〈역사 교육과 역사 인식〉(공저) 등이 있습니다.

고증 **문중양**(과학사)

서울대학교 계산통계학과를 졸업하고 동 대학원에서 이학박사 학위를 받았습니다. 쓴 책으로 〈우리 역사 과학 기행〉, 〈우리의 과학문화재〉(공저), 〈세종의 국가 경영〉(공저) 등이 있습니다.

고증 **정연식**(생활사 및 복식)

서울대학교 국사학과를 졸업하고 동 대학원에서 문학박사 학위를 받았습니다. 쓴 책으로 〈조선 시대 사람들은 어떻게 살았을까?〉(공저), 〈일상으로 본 조선 시대 이야기 1, 2〉 등이 있습니다.

글 **박영규**

1996년 밀리언셀러 〈한권으로 읽는 조선왕조실록〉을 출간한 이후 〈한권으로 읽는 고려왕조실록〉, 〈한권으로 읽는 백제왕조실록〉, 〈한권으로 읽는 신라왕조실록〉 등 '한권으로 읽는 역사 시리즈'를 펴내면서 쉽고 재미있는 역사책 읽기의 바람을 일으켰습니다. 그 외에도 〈교양으로 읽는 한국사〉 등의 많은 역사책을 썼습니다.

그림 **박준**

추계예술대학교 동양화과를 졸업하였습니다. 현재 프리랜서 일러스트레이터로 활동하고 있습니다. 그린 책으로 〈가까이 보는 자연 이야기〉, 〈한국 대표시 100〉, 〈구운몽〉, 〈서유견문〉, 〈생각쟁이 인물〉 등이 있습니다.

이미지 제공

연합포토, 중앙포토, 국립중앙박물관, 국립부여박물관, 국립경주박물관, 국립민속박물관, 유연태(사진작가), 허용선(사진작가)

광개토 대왕 이야기 한국사 24 신라

죽어서도 나라를 구한 미추왕

총기획 및 발행인 박연환
발행처 (주)한국헤르만헤세
출판등록 제17-354호
연구개발원 경기도 성남시 분당구 금곡동 444-148
대표전화 (031)715-7722
팩스 (031)786-1100
본사 서울시 송파구 석촌동 7-3
대표전화 (02)470-7722
팩스 (02)470-8338
고객문의 080-715-7722
편집 임미옥, 백영민, 윤현주, 지수진, 최영란
디자인 장월영, 주문배, 김덕준, 김지은

ⓒ Korea Hermannhesse

이 책의 표지는 일반 용지보다 1.5배 이상 고가의 고급 용지인 드라이보드지를 사용해 제작하였습니다. 표지를 드라이보드지로 제작하면 습기의 영향을 덜 받기 때문에 본문 용지가 잘 울지 않고, 모양이 뒤틀리지 않아 책을 오랫동안 보존할 수 있습니다.

이 책은 기존의 석유 잉크 대신 친환경 식물성 원료인 대두유 잉크를 사용하여 인쇄하였습니다. 대두유 잉크는 선진국에서 널리 사용하고 있는 고가의 대체 잉크로, 휘발성이 적어 인쇄 상태의 보존이 용이하고, 인체에 무해할 뿐만 아니라 눈에 부담을 주지 않는 자연스러운 색을 내는 특징이 있습니다.

죽어서도 나라를 구한
미추왕

감수 박현숙 | 글 박영규 | 그림 박준

한국헤르만헤세

우로를 두려워한 첨해왕

첨해에게 밀려난 우로

조분왕이 죽을 당시 왕자들은 너무 어렸어요.

이럴 경우 신라에서는 딸에게 왕권을 주고, 사위가 왕이 되곤 했어요.

조분왕의 사위는 대장군 우로였어요.

우로는 신하들과 백성들에게 존경을 받는 영웅이었어요.

"다음 왕은 누가 뭐래도 우로 장군이야."

"맞아. 왜군과 고구려군을 물리친 영웅인 데다 조분왕의 사위잖아."

그런데 조분왕의 동생인 첨해가 왕위를 노렸어요.

첨해는 우선 자신을 따르는 신하들을 불러 모았어요.

"왕의 동생인 내가 왕위에 오를 수 있도록 도와주게."

첨해는 온갖 방법을 써서 우로를 몰아내고 왕이 되었어요.

백성들은 그런 첨해왕을 잘 따르지 않았어요.

"첨해왕은 신라를 위해 한 일이 없어!"

"맞아. 왕의 동생이라며 갑자기 나타나 왕이 되었잖아."

백성들이 쉽게 받아들이지 않자 첨해는 가문의 힘을 키우고자 했어요.

'그래, 가문을 키우려면 아버지를 왕으로 만들어야 해.'

첨해왕은 평범한 왕족이었던 아버지를 왕으로 부르게 했어요.

"내 아버지인 석골정을 세신갈문왕으로 모시도록 할 것이다."

그래도 첨해왕은 백성들에게 사랑받는 우로 때문에 불안했어요.

'내가 조금이라도 잘못하면 우로가 바로 나를 쫓아낼 거야.'

하지만 우로는 나라를 먼저 생각하는 사람이었어요.

그래서 반란을 일으킬 생각을 하지 않았어요.

"우리가 힘을 모아 낙랑을 차지하면 땅을 크게 넓힐 수 있다."

나라만 생각하는 우로처럼 그를 따르는 세력 역시 같은 마음이었어요.

"백제 또한 힘이 강하니 우리가 힘을 합쳐야 막아 낼 수 있다."

평화 조약을 맺다니, 왕이 제정신이란 말이냐!

이건 신라의 수치입니다.

8

우로 때문에 불안한 사람은 첨해왕뿐이었어요.

마침내 첨해왕은 우로를 없애기로 마음먹었어요.

'백성들이 우로를 좋아하니 없애 버리는 게 낫겠어.'

첨해왕은 먼저 고구려와 왜에 사신을 보냈어요.

대장군 우로의 힘을 꺾기 위해 전쟁을 멈추려는 것이었어요.

"너희는 고구려와 왜에 가서 외교를 맺도록 하라."

신하들이 고개를 갸웃거리자 첨해왕이 말했어요.

"그들에게 땅을 넘보지 않을 거라는 약속을 해 주거라.

그래야 그들도 안심하지 않겠느냐?"

사신들은 고구려와 왜에 가서 평화 조약을 맺고 돌아왔어요.

우로를 따르던 장수들은 땅을 치며 분하게 여겼어요.

"뭐야? 평화 조약은 약한 나라가 전쟁을 피하기 위해 맺는 거잖아?"

"누가 아니래. 왕이 제정신이 아니구나."

조분왕과 함께 나라의 힘을 키워 온 우로는 화가 치밀어 올랐어요.

"고구려나 왜에서 우리 신라를 얕볼 게 뻔하군!"

"그렇습니다. 왜와 외교를 맺은 걸 가야가 알면 얼마나 비웃겠습니까?"

우로와 장수들은 한숨을 쉬었어요.

'아, 그동안의 노력이 무너지는구나.'

실망한 군사들은 무기를 내려놓았어요.

"싸울 적도 없는데 무기는 닦아서 뭐하냐?"

"맞아. 장수들도 매일 밤 술이나 마시는데, 무기는 닦아서 뭐해!"

그러나 첨해왕이 평화 조약을 맺은 이유가

우로를 없애기 위한 것이라고 생각하는 사람은 아무도 없었어요.

그들은 자신들의 뜻을 이루지 못한 슬픔에 잠겨 있었어요.

"적과 평화 조약을 맺다니,

주변 나라들이 우리를 얼마나 우습게 보겠느냐?"

그동안 첨해왕은 우로를 없애기 위한 계획을 차근차근 진행시켰어요.

우로가 어이없게 죽다

첨해왕이 왕위에 오른 지 7년이 되던 해였어요.

우로는 느닷없이 왜의 대사관에 찾아갔어요.

"여봐라, 누구 없느냐? 나는 대장군 우로다. 어서 나오지 못할까!"

갑작스런 소란에 왜의 사신인 갈나고가 달려 나왔어요.

"우로 장군, 여기는 한 나라의 대사관입니다. 너무 무례하십니다."

"뭐라고? 조만간 내가 너희를 칠 테니, 그때도 그런 소릴 해 보거라!"

갈나고는 서둘러 왜로 돌아가 우로의 행패를 왜왕에게 알렸어요.

"사이좋게 지내보려고 했더니 안 되겠다. 뜨거운 맛을 보여 주마."

왜왕은 즉시 우도주군이라는 장수를 시켜

신라를 공격했어요.

이렇게 되자 우로는 첨해왕을 찾았어요.

"대사관의 일은 모두 내 실수이니

사과하겠소."

우로는 우도주군에게 군사를

되돌리라고 부탁을 했어요.

하지만 우도주군은 불타고

있는 장작더미에

우로를 던져

버렸어요.

왜의 대사관에서 행패를 부리다니, 무슨 일이지?

우로가 죽자, 신하들과 백성들의 불만은 더욱더 커졌어요.

첨해왕이 우로를 죽인 것이나 다름없다는 사실을

모두가 알고 있었던 거예요.

"옹졸한 왕은 살아남고 훌륭한 우리 장군님은

세상을 떠나셨으니, 하늘이 무심하구나."

그중에서 우로의 죽음에 대한 복수를 준비하는 사람이 있었어요.

바로 우로의 아내인 명원 부인 석씨였어요.

첨해왕이 죽고 조분왕의 사위인 미추왕이 왕위에 오르자

왜국에서 사신을 보냈어요.

이 소식을 들은 명원 부인은 미추왕에게 간곡하게 부탁했어요.

"저에게 왜국 사신을 대접할 기회를 주십시오."

미추왕의 허락을 받은 명원 부인은 집에 잔칫상을 차렸어요.

왜국 사신들은 아무것도 모른 채 술을 잔뜩 마시고 곯아떨어졌어요.

명원 부인은 하인들을 시켜 자고 있는 왜국 사신들을 불이 붙은 장작

위로 던지게 했어요.

"저들을 불에 던져 우로 장군님의 원한을 풀어 드려라!"

사신들은 아무것도 모른 채 잠을 자다가

우로 장군과 마찬가지로 불에 타 죽고 말았어요.

이 소식을 들은 왜왕은 화가 나서 신라를 공격하도록 했어요.

그러나 미추왕은 왜군을 곧바로 물리쳤답니다.

신라인의 마음속에 남아 있는 미추왕

김씨 왕조가 시작되다

우로 장군의 죽음으로 백성들은 첨해왕을 더욱 싫어하게 되었어요.

신하들도 첨해왕에게서 등을 돌리기 시작했어요.

'아무리 생각해 봐도 첨해왕은 믿고 따를 만한 인물이 아니야.'

조분왕의 둘째 사위이자 김알지의 후손인 미추도

첨해왕을 보면 치밀어 오르는 분을 참을 수가 없었어요.

"왕위를 빼앗고 우로 장군님을 죽인 왕을 그대로 둘 수 없어."

미추는 재빨리 사람들을 모은 뒤
반란을 일으켜 첨해왕을
몰아냈어요.

번떡~

크아~

〈삼국사기〉에는 미추가 왕위에 오른 일이 간단하게 나와 있어요.

'첨해가 갑자기 병이 나서 죽자 백성들이 미추를 왕으로 세웠다.

첨해에게는 아들이 없었기 때문이다.'

또 〈삼국사기〉에서는 반란으로 왕이 된 일을

'백성들이 그를 왕으로 세웠다.'라고 적곤 했어요.

그러니까 '백성들이 미추를 왕으로 세웠다.'는 말은

미추가 반란을 일으켜 왕이 된 일을 적은 것일 수도 있어요.

이런 기록도 있어요.

'첨해왕 7년에 대궐 동쪽 연못에서 용이 나타났고,

금성 남쪽에 쓰러졌던 버드나무가 저절로 일어났다.'

이것은 왕위를 두고 다툼이 있었다는 것을 돌려서 표현한 것이랍니다.

백성을 사랑한 미추왕

미추는 첨해왕을 쫓아내고 바로 왕위에 오르지 못했어요.

석씨가 아닌 미추를 다른 왕족들이 반기지 않았거든요.

미추는 신하들을 한 명씩 자기편으로 끌어들였어요.

"석씨 집안사람들이 나를 막아서고 있으니 도와주시오."

미추는 석씨 집안사람들을 직접 설득하기도 했어요.

"제 장인어른이 조분왕이시니 저는 석씨 집안사람입니다."

그리고 나서야 미추는 왕위에 오를 수 있었어요.

하지만 왕이 된 뒤에도 불안은 계속되었어요.

첨해왕 쪽의 사람들과 반대 세력이 반란을 일으켰던 거예요.

〈삼국사기〉에는 이런 기록이 있어요.

'대궐 동쪽에 용이 나타났으며, 금성에 불이 나서
백 채가 넘는 집이 불에 탔다.'

이것은 백성들의 집이 불에 탈 정도로 큰 싸움이 있었다는 뜻이에요.

미추왕은 백성들의 마음을 얻는 것이

왕권을 안정시키는 지름길이라는 사실을 잘 알고 있었어요.

그래서 반란이 잦아들자마자 백성들을 만나기 시작했어요.

"내가 백성들을 직접 만날 것이다.

특히 늙고 병든 자들을 만나 많은 이야기를 나눌 것이다."

"폐하, 궁궐이 좁아 불편한 것이 많습니다."

"어찌 내 한 몸 편하자고 백성들에게 힘든 일을 시킨단 말인가!"

신하들은 미추왕의 호통을 듣고서야 물러났어요.

미추왕은 백성들을 편안하게 해 주려고 했던 거예요.

미추왕은 군사력을 키우는 일도 게을리하지 않았어요.

미추왕이 왕위에 오르고 나서 백제는 몇 번이나 신라를 공격해 왔어요.

하지만 미추왕은 단 한 번도 백제에 지지 않았어요.

전쟁이 끊이질 않자 백성들은 매우 불안했어요.

미추왕은 그런 백성들을 직접 만나러 다녔어요.

"내가 너희를 지켜 줄 것이다."

백성들은 미추왕을 따뜻하게 맞이했어요.

"폐하께서 직접 와 주시니 힘이 솟아납니다."

그러나 무리한 여행에 병이 난 미추왕은 284년 10월, 온 백성의 눈물 속에서 눈을 감고 말았답니다.

죽어서도 신라를 지킨 미추왕

미추왕은 세상을 떠났지만 백성들의 마음속에 살아 있었어요.

그래서 백성들은 미추왕이 나라를 구한다고 믿었어요.

신라 유례왕 때, 이서국이라는 작은 나라가 금성으로 쳐들어왔어요.

유례왕은 부랴부랴 이들을 막으려 했지만 오래 버티기 힘들었어요.

그때 귀에 대나무 잎을 꽂은 사람들이 나타났어요.

그들은 쏜살같이 이서국 군대를 향해 달려갔어요.

"앗, 저 사람들은 뭐야? 사람이 어떻게 저리 빠를 수 있지?"

이서국 군사들은 너무 놀라 두 눈이 휘둥그레졌어요.

"저, 저건 사람이 아니라 귀신이야!"

대나무 잎 군대는 이서국 군대를 휩쓸고 지나갔어요.

이서국 군대는 아무것도 할 수가 없었어요.

"아무리 칼로 찔러도 쓰러지지 않다니, 저건 귀신의 군대가 확실해!"

결국 이서국 군대는 큰 피해를 보고 물러갔답니다.

싸움이 끝난 뒤에 그 신비한 군대는 모두 사라지고 없었어요.

유례왕은 사람을 시켜 그들을 찾아보게 했어요.

"미추왕 능 앞에 수북이 쌓인 대나무 잎 외에 아무것도 없었습니다."

"그렇다면 미추왕이 귀신 군대를 보내 신라를 구했단 말인가!"

이때부터 미추왕의 능을 '죽현릉'이라고 불렀어요.

또 혜공왕 때인 799년 4월 어느 날,

김유신 장군의 무덤에서 갑자기 회오리바람이 불었어요.

그 회오리바람 속에서 갑옷을 입은 장수가 죽현릉으로 들어갔어요.

"얼마 전에 제 자손이 억울한 누명을 쓰고 목숨을 잃었습니다."

"그래서 이 나라를 떠나겠다는 것이오?"

"예, 다시는 신라로 돌아오지 않을 것이니 왕께서 허락해 주소서."

그러자 미추왕의 목소리가 들렸어요.

저, 저건 사람이 아니라 귀신이야!

"그대는 나를 도와 이 나라를 지켜야 하오. 내 곁에 있으시오."
김유신 장군의 혼령은 세 번이나 더 부탁을 하더니
미추왕의 대답을 듣지도 않고 회오리바람을 타고 사라져 버렸어요.
이 말을 들은 혜공왕은 덜컥 겁이 났어요.
혜공왕은 곧바로 신하를 김유신 장군의 무덤으로 보냈어요.

"김유신 장군께 사과를 하고, 그 자손을 위해 제사를 지내거라."
이 이야기를 들은 백성들은 미추왕을 칭송했어요.
"미추왕이 아니었으면 김유신 장군의 노여움을 막지 못했을 거야."
"물론이지. 그랬다면 나라에 큰 재앙이 닥쳤을 거야."
이렇듯 미추왕이 죽은 뒤에도 백성들은 그를 떠받들었어요.

아니 되오.
그대는 나와 같이
신라를 지켜야 하오!

왜와 가야에 시달린 유례왕

왜를 도와 신라를 공격하는 가야

미추왕의 뒤를 이어 조분왕의 아들 유례가 왕위에 올랐어요.

신라는 백제와 싸움을 그칠 날이 없었고,

왜와는 돌이킬 수 없을 만큼 사이가 틀어져 있었어요.

왜왕은 사신을 불태워 죽인 일로 복수를 하겠다며

큰 싸움을 준비하고 있었어요.

유례왕이 신하들을 불러 놓고 물었어요.

"왜가 전쟁 준비를 하고 있다고 하니 어찌하면 좋겠소?"

유례왕은 어쩔 줄을 몰랐어요.

"왜의 배는 수백 척에 이른다고 합니다."

"그들은 칼을 잘 쓰고 해전에 능해 여간 까다로운 상대가 아닙니다."

모두 왜를 두려워하는 대답만 하자 한 신하가 말했어요.

"왜를 물리치기 위해서는 백제와 손을 잡아야 합니다."

"백제는 우리와 사이가 좋지 않은데, 우리를 도우려 하겠는가?"

"지금 백제 왕은 병을 앓고 있으니, 싸움을 원하지 않을 것입니다."

유례왕은 고개를 끄덕였어요.

"그대 말에 일리가 있구나. 우선 백제에 사신을 보내야겠다."

신라에서 사신이 오자 백제에서는 반갑게 맞이했어요.

"평소 같으면 신라와 손을 잡을 일은 없을 것이오."

"물론이오. 하지만 왕께서 편찮으시니 전쟁은 피해야 하지 않겠소?"

백제의 신하들은 신라의 뜻을 누워 있는 고이왕에게 전했어요.

"지금 백성들은 매우 불안해하고 있으니 잠시 동안 신라와 손을
잡도록 하라."

고이왕은 신라의 뜻을 받아들였어요.

이렇게 해서 백제와 신라는 평화 협정을 맺었어요.

그 뒤로 오랫동안 두 나라 사이에는 전쟁이 일어나지 않았어요.

하지만 신라에게는 여전히 왜가 큰 골칫거리였어요.

신라의 서쪽은 산맥이 가로막고 있고, 동쪽은 바다와 닿아 있었어요.

그래서 바다에서 적이 쳐들어오면 막아 내기 어려웠지요.

유례왕은 왜군 때문에 안심할 수 없었어요.

'왜군이 쳐들어오면 금성도 위험한데, 걱정이구나.'

유례왕의 걱정대로 287년에 왜군이 신라를 공격했어요.

"신라는 먼저 평화 협정을 맺자고 하더니 우리 사신을 죽여 버렸다.

저들을 혼내 주고 나라의 위신을 세우자!"

왜군은 밤에 조용히 배에서 내려 마을에 불을 질렀어요.

"왜군이다, 모두 달아나라!"

마을에 불이 나자 주민들이 깜짝 놀라 밖으로 뛰쳐나왔어요.

왜군은 주민들을 붙잡아 돌아가 버렸어요.

이때 잡혀간 주민의 수가 1,000여 명이 넘었어요.

신라군은 뒤늦게 달려왔지만 이미 왜군이 떠난 뒤였어요.

이렇게 몇 번이나 왜군에게 시달린 백성들은 두려움에 떨어야 했어요.

유례왕은 배를 고치고 무기를 만들어 왜군을 막아 보려 했어요.

"왜군을 막아 낼 배와 무기를 만들라!"

그러나 왜군은 292년에 다시 쳐들어와 사도성을 차지했어요.

유례왕은 빼앗긴 사도성을 되찾기 위해 온 힘을 기울였어요.

유례왕은 간신히 성을 되찾았어요.

왜군은 물러나면서 성을 불태우고 백성들을 잡아갔어요.

왜가 자주 신라를 공격할 수 있었던 것은 가야 덕분이었어요.

"이번 전쟁 준비는 가야에서 보낸 돈이 큰 도움이 되었대."

"그래? 지난 싸움에서는 가야에서 준 정보 때문에 이겼대."

가야가 왜를 돕는 것을 알게 된 유례왕은 눈살을 찌푸렸어요.

"바다에서는 왜군이 쳐들어오고 남쪽에는 가야가 버티고 있으니,

편할 날이 없구나. 우선 가야부터 쳐야겠다."

유례왕은 곧장 가야에 군사를 보냈어요.

가야는 신라를 막아 낼 수 없었어요.

신라군은 여기저기 가야 땅을 휘젓고 다녔어요.

가야가 어려움에 빠지자 왜가 또다시 신라에 쳐들어왔어요.

"신라를 공격해 가야를 돕도록 하라!"

왜군은 사도성 근처에 있는 장봉성에 쳐들어갔어요.

그러자 유례왕은 미소를 지었어요.

"하하하, 왜군이 장봉성을 친다고?"

장봉성에는 이미 많은 군사들이 왜군을 기다리고 있었어요.

왜군은 깜짝 놀라 서둘러 돌아가고 말았답니다.

신라 백성들에게 왜군은 언제 어디서 나타날지 모르는

두려움의 대상이었어요.

유례왕은 전쟁이 끝나자 모든 신하들을 한자리에 불렀어요.

"왜군을 물리칠 방법을 찾도록 하시오."

바다로 쳐들어오는 왜군을 막아 내려면 배가 튼튼하고 빨라야 했어요.

전쟁을 하기 위해 만든 왜군의 배가 빠른 데 비해

신라의 배는 안정감은 있지만 빠르지 않았거든요.

신하들은 이 사실을 잘 알면서도 딱히 할 말이 없었어요.

'그 많은 배를 다시 만들 수는 없는 일이야.'

신하들이 잠자코 있자 유례왕이 입을

왜군을 물리칠
방법을 찾아야
할 텐데…

열었어요.

"우리가 바다를 건너가 왜국을 치면

어떻겠느냐?"

유례왕의 말을 듣고 깜짝 놀란 재상 홍권이 대답했어요.

"폐하, 우리 군사들은 바다 전투에 익숙하지 않습니다.

그러나 왜군은 바다에서 잘 싸우니 이길 수가 없을

것입니다."

"백제와 손을 잡으면 될 것 아니오?"

"비록 지금은 백제가 우리와 손을 잡았으나
언제 등을 돌릴지 모르니 그들을 믿고 전쟁을 할 수는 없습니다."
유례왕과 신하들은 머리를 쥐고 발만 동동 구를 뿐,
왜군을 막아 낼 뾰족한 수를 찾아내지 못했어요.
결국 신라 백성들은 왜군 때문에 밤잠을 설쳐야 했어요.
"언제 왜군이 들이닥칠지 모르니 정신 바짝 차리고 있거라."
신라가 왜와 싸우느라 정신이 팔려 있을 때,
가야가 오랫동안 전쟁을 준비한 뒤 신라를 공격해 왔어요.
땅에서는 가야가, 바다에서는 왜군이 거침없이 공격해 오자
신라는 금세 금성까지 내주고
말았어요.
신라는 나라가 위태로울 만큼
흔들렸지만 끝까지 싸워
저들의 공격을 겨우 막아 냈어요.
그리고 얼마 지나지 않아
유례왕은 숨을 거두었어요.
평생을 왜군에 시달리느라 병이
깊어졌기 때문이에요.

왜와 화친 정책을 펼친 기림왕

왜와 화해하고 낙랑이 항복하다

유례왕이 죽자 조카인 기림이 왕위에 올랐어요.

기림왕은 백성들이 왜군 때문에 불안해하는 것이 안타까웠어요.

'왜군을 막을 뾰족한 방법이 없으니 답답하구나.'

기림왕은 백성들을 위로하며 바닷가를 지키는 군사의 수를 늘렸어요.

그러나 긴 해안을 모두 막는다는 것은 불가능한 일이었어요.

기림왕은 할 수 없이 왜를 달래기로 했어요.

"자존심이 상하지만 우선 왜와 사이좋게 지내는 게 좋겠어.

그리고 나서 군사력을 키워도 늦지 않을 거야."

기림왕은 왜에 사신을 보냈어요.

"지난 일은 잊고 우리 신라와 사이좋게 지냅시다."

왜왕은 기림왕이 청한 화해를 받아들였어요.

"우리도 신라와 싸우는 것을 원하지 않소."

왜군의 침입이 없어지자 백성들은 기뻐했어요.

"어휴, 이제야 두 발을 뻗고 잠을 잘 수 있겠구나."

백성들이 전쟁의 두려움에서 벗어나 기뻐하자,

자존심이 상했던 기림왕의 마음도 풀어졌어요.

신라는 빠르게 안정을 찾아갔어요.

거기다 300년에는 북쪽에 있던 낙랑이 항복을 해 왔어요.

또 백제에 붙잡혀 있던 왕족들이 도망쳐 오기도 했어요.

신라는 지금의 함경남도 안변까지 땅을 넓혔어요.

하지만 기림왕은 몸이 약해 나랏일을 오래 할 수 없었어요.

13년간 왕위에 머무르다 세상을 떠나고 말았답니다.

우로 장군의 핏줄인 흘해왕

다시 전쟁이 시작되다

기림왕에게는 아들이 없었어요.

기림왕이 죽자 신하들은 왕이 될 만한 사람을 찾았어요.

우로의 후손 중에서 왕을 세우기로 했지요.

"흘해라는 사람이 있기는 하지만 나이가 어려 걱정입니다."

"괜찮습니다. 우로 장군의 후손이라면 뛰어난 인물이 될 거예요."

이렇게 해서 흘해는 왕위에 오르게 되었어요.

그러나 나이가 너무 어려 나라를 제대로 다스릴 수 없었어요.

왕의 힘이 약하자 신하들의 입김이 세졌고,

신라는 세력 다툼으로 점점 어지러워졌어요.

그때 왜에서 사신이 왜왕의 편지를 가지고 왔어요.

"신라 왕녀와 내 아들을 혼인시키고 싶으니 왕녀를 보내시오."

흘해왕의 딸들은 혼인을 하기엔 너무 어렸어요.

흘해왕은 한숨을 몰아쉬면서 왜왕에게 답장을 보냈어요.

"우리 공주들은 아직 어려 그대의 왕자와 혼인을 시킬 수 없소.

대신 우리나라의 재상인 급리의 딸을 보내겠소."

왜는 흘해왕의 뜻을 받아들였어요.

이후 신라와 왜는 한동안 평화롭게 지냈답니다.

그런데 흘해왕이 왕위에 오른 지 35년 되던 해에

왜에서 또 사신이 찾아왔어요.

"우리 왕께서는 왕자님과 서라벌의 공주를 맺어 주고 싶어 하십니다."

흘해왕은 또다시 고민에 빠졌어요.

혼인할 나이의 딸도 있었고, 왜와 사이좋게 지내고 있었기 때문에

거절하기가 쉽지 않았던 거예요.

"어허, 우리 공주는 이미 부처님의 제자가 되어 절로 들어갔소."

흘해왕은 핑계를 대며 사신을 돌려보냈어요.

사신의 말을 전해 들은 왜왕은 불같이 화를 냈어요.

"이번에도 거절을 해? 나와 내 나라를 무시하는구나."

이듬해 왜왕은 신라에 쳐들어왔어요.

왜군은 순식간에 금성을 둘러쌌어요.

빠져나갈 곳이 없어지자 흘해왕은 크게 당황했어요.

"어찌 왜군이 이곳까지 왔단 말이냐? 어서 저들을 막도록 하라."

이때 강세라는 신하가 흘해왕을 진정시키며 말했어요.

"왜군의 배는 가벼워 식량을 많이 실을 수가 없습니다.

그러니 식량이 떨어질 때까지 버티면 저들은 돌아갈 것입니다."

흘해왕은 성문을 닫아걸고 막는 데만 힘을 쏟았어요.

식량이 떨어지자 왜군은 돌아가기 시작했어요.

흘해왕은 이때를 놓치지 않고 왜군의 뒤를 쫓았어요.

"다시는 우리를 넘보지 못하도록 저들을 무찔러라!"

왜군은 이 싸움에서 많은 군사를 잃고

한동안 신라를 공격해 오지 못했답니다.

흘해왕은 왜군을 물리치고 백제와 사이좋게 지냈어요.

그러자 신라는 조금씩 안정을 되찾았어요.

농업 발전은 나라의 힘

삼국 시대는 농사가 나라의 기본이었어요. 백성들이 잘살고 나라가 튼튼해지려면 농사가 잘되어야 했지요. 고구려, 백제에 비해 고대 왕국으로의 출발이 늦었던 신라는 농사 기술을 발전시키면서 힘을 키웠어요. 농업의 발전은 훗날 신라가 삼국 통일의 초석을 다지는 데도 큰 힘이 되었답니다.

✿ 저수지가 있으면 물 걱정이 없어요

▲ 벽골제의 수문인 장생거

저수지가 없던 때에는 가뭄이 들거나 홍수가 나면 흉년이 들었어요. 하지만 제방을 쌓아 저수지를 만들게 되면서 사람의 힘으로 물의 양을 조절할 수 있게 되었어요. 가뭄이 들면 저장해 둔 물을 쓰면 되었고, 홍수가 나도 물이 넘쳐나지 않았어요. 전라북도 김제시에는 우리나라에서 가장 크고 오래된 저수지인 벽골제 유적이 있어요. 벽골제는 신라 흘해왕 때인 330년에 만들어졌다는 기록이 있어요. 하지만 이때는 백제의 땅이었으므로 백제 비류왕 때 쌓았다고 보는 의견이 일반적이에요.

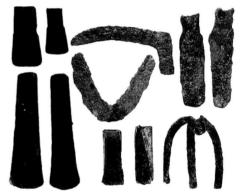

▲ 쇠스랑, 쇠낫 등의 철제 농기구

✿ 철제 농기구로 생산량이 크게 늘었어요

신라에서는 300년 이후 철기 만드는 기술이 발전하면서 철기 문화가 발달했어요. 철을 녹이고 두들겨서 만든 농기구는 돌이나 나무로 만든 것보다 단단해서 쓸모가 많았어요.
땅을 깊이 팔 수도 있고 오래 쓸 수 있었지요. 곡식을 베기 쉬워 생산량도 크게 늘었어요.

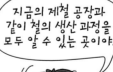

지금의 제철 공장과 같이 철의 생산 과정을 모두 알 수 있는 곳이야.

▲ 신라 시대에 철기 문화가 발전했음을 알 수 있는 경주 황성동 유적지

소가 있으니 일이 한결 쉽네.

힘들어~

❀ 소로 밭을 갈면 농사일이 쉬워요

밭을 갈 때는 쟁기를 사용해요. 처음에는 사람이 쟁기를 끌어 밭을 갈았어요. 그러다가 소에 쟁기를 매어 밭을 가는 방법을 알아냈지요. 힘 좋은 소가 밭을 갈자 사람이 할 때보다 몇 배는 일이 쉬워졌어요.

또 땅을 깊게 갈게 되면서 땅속 깊은 곳의 영양분을 위로 보내 농사에 이용할 수 있어 생산량도 증가했지요. 신라에서는 농사를 장려하기 위해 502년부터 소로 밭을 갈았다고 해요.

❀ 수레로 물건을 편리하게 옮겨요

옛날에는 수레가 획기적인 발명품이었어요. 그 전에는 사람이 직접 짐을 옮겨야 했지만 수레가 만들어지면서 많은 물건을 한꺼번에 실을 수 있게 되었지요. 수확한 곡식은 소가 끄는 수레를 이용해 금세 옮길 수 있었답니다. 신라와 가야 시대의 옛 무덤에서 수레나 수레바퀴 모양의 토기가 출토된 것으로 보아 일찍부터 이용한 것으로 보여요.

▲ 경주 황남동 고분에서 출토된 수레 모양 토기

한국사 돋보기

신라 시대에 대중목욕탕이 있었다고?

당시 목욕은 종교 의식의 하나였어.

우리나라에 대중목욕탕이 처음 생긴 것은 신라 시대예요. 신라의 절에서는 일반 백성들을 위해서 대중목욕탕을 만들었어요. 귀족들은 집에 목욕탕이 갖추어져 있었지만 일반 백성들은 목욕 시설이 따로 없어서 계곡이나 시냇가로 가서 몸을 씻었어요. 그런데 겨울에는 냇물이 얼어붙어서 그나마도 목욕을 할 수 없었지요. 원래 신라의 절에서는 기도를 하기 전에 몸을 깨끗이 씻는 의식이 있었어요. 그래서 절에는 목욕탕이 있었어요. 그때 사용하던 목욕탕을 백성들도 이용하도록 한 것이지요.

일본의 거짓 주장, 임나 일본부설

우리나라는 삼국 시대부터 지리적으로 가까운 일본과 정치, 문화, 경제적으로 활발히 교류해 왔어요. 그런데 일본은 이러한 교류 사실을 인정하지 않고 자기 나라가 우리나라를 일방적으로 지배했다고 역사를 왜곡하고 있답니다. 그중 하나가 '임나 일본부설'이에요.

❀ 임나 일본부설의 내용은 무엇인가?

가야에 '임나'라는 지방이 있었는데 일본이 그 지역을 점령했고, 그곳을 근거지로 하여 신라로 쳐들어가 남쪽 지역인 백제, 가야, 신라를 식민지로 만들었다는 내용이에요. 이런 말도 안 되는 내용이 일본 국사 교과서에 실려 있다고 해요.

▲ 〈일본서기〉의 일부분
일본 고대를 알려 주는 유일한 역사서이지만 그 내용이 맞는지에 대해서는 검증되지 않았어요.

❀ 거짓 주장은 어디서 나온 것인가?

〈일본서기〉에 따르면 진구 황후가 보낸 왜군이 369년 한반도에 건너와 7국과 4읍을 점령했고, 그 뒤 임나에 일본부가 설치되었으며, 562년 신라에 멸망했다고 나와 있어요. 즉 일본이 약 200년간 가야에 세운 임나 일본부를 중심으로 한반도 남부를 지배했다는 거예요. 일본은 광개토 대왕릉비에 적힌 구절을 들어 주장을 합리화시키고 있어요. 하지만 우리 학계에서는 훼손된 비문을 일본이 조작해서 그들의 역사를 정당화시킨 것으로 보고 있어요.

▲ 광개토 대왕릉비의 탁본

❀ 일본의 주장은 어디가 잘못되었나?

당시 일본은 부족 국가로서 바다 건너 한반도를 점령할 만큼 강력하지 못했어요. 고구려, 백제, 신라처럼 왕 중심의 고대 국가로 발전하지 못하고 있었어요. 강력한 왕도 없는 상태에서 다른 나라를 식민지로 만들기는 힘들지요.
그리고 백제 왕이 일본에 선물한 '칠지도'에는 분명히 백제 왕이 일본 왕에게 하사한 것으로 적혀 있어요.

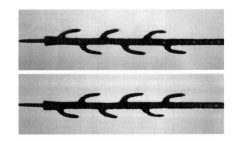

▲ 백제와 일본의 관계를 알려 주는 칠지도

한눈에 보는 연표

석우로 이야기

〈삼국사기〉의 내용이 사실이라면 우로 장군은 왜인에 의해 처참한 죽임을 당했어요. 하지만 첨해왕은 왜왕에게 단 한마디의 항의도 하지 않았다고 해요.

우로의 죽음에 숨겨진 진실은 뭘까?

▲ 페르시아군

밀라노 칙령

황제 콘스탄티누스는 칙령을 발표하여 신앙의 자유를 허락하고 크리스트교를 로마의 국교로 선언했어요.

박해에도 불구하고 크리스트교도가 계속 늘어나서 어쩔 수 없었을 거야.

▲ 관룡사